Coleção Sproul para Crianças

Ilustrações para Colorir

Ilustrações de Vanessa Alexandre

Coleção Sproul para Crianças
Ilustrações para Colorir

Ilustrações © 2017 Vanessa Alexandre

Copyright © 2017 Editora Fiel
Primeira Edição: 2017

Diretor: Tiago J. Santos Filho
Editor-chefe: Tiago J. Santos Filho
Editora: Renata do Espírito Santo
Coordenação Editorial: Gisele Lemes
Ilustrações: Vanessa Alexandre
Capa e Diagramação: Rubner Durais

Este caderno de ilustrações é parte integrante da
Coleção Sproul para Crianças e não deverá ser vendido separadamente..

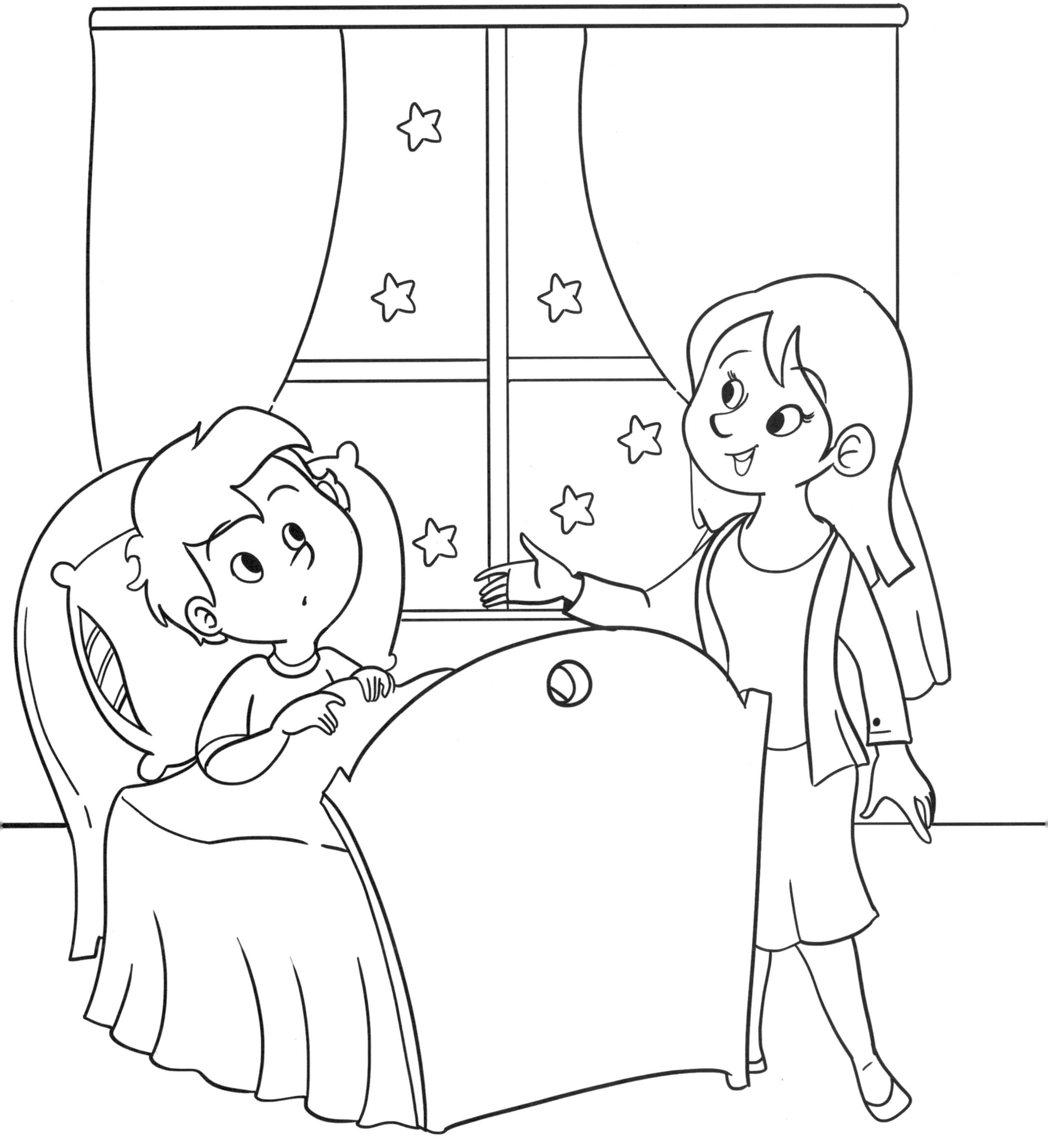

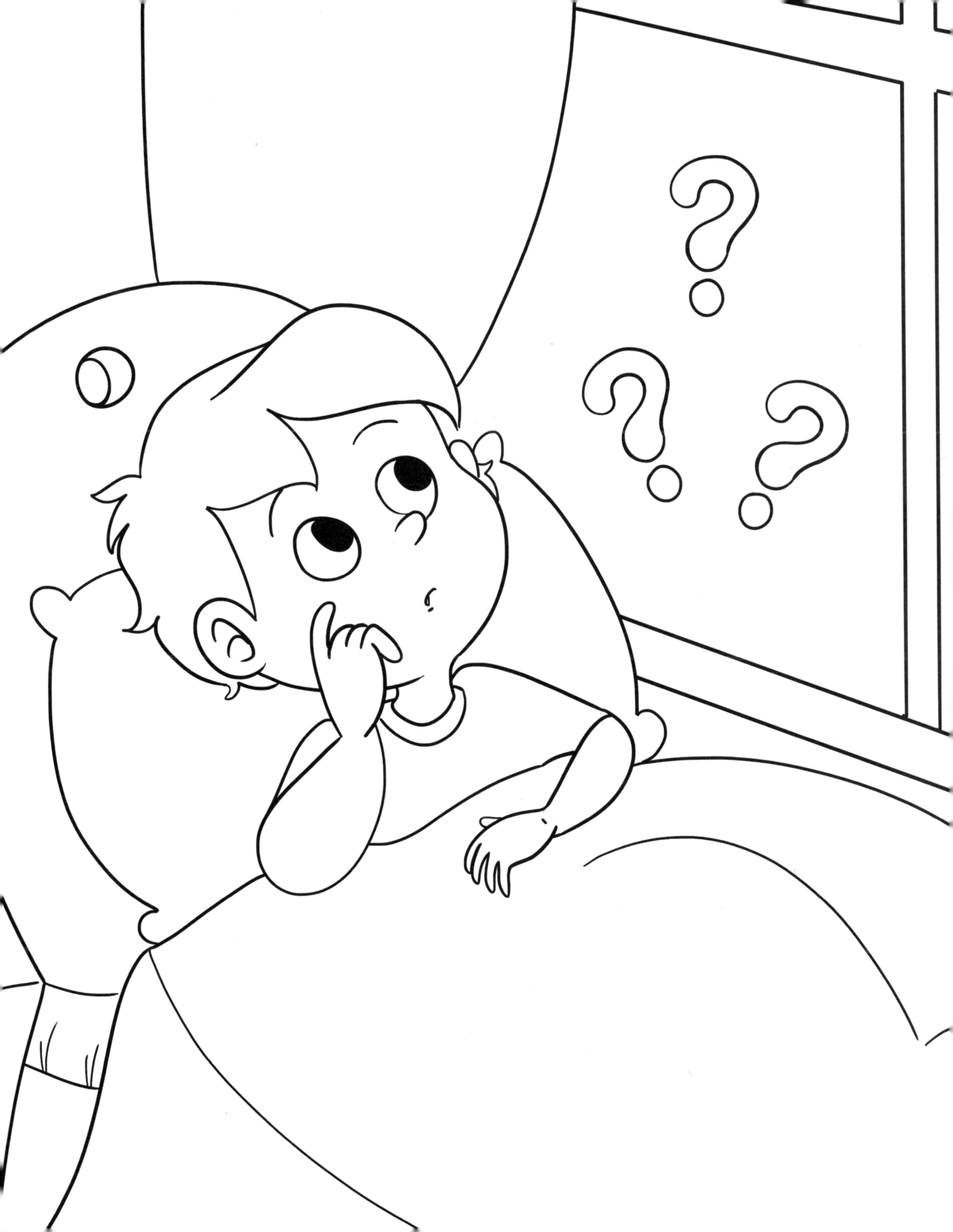

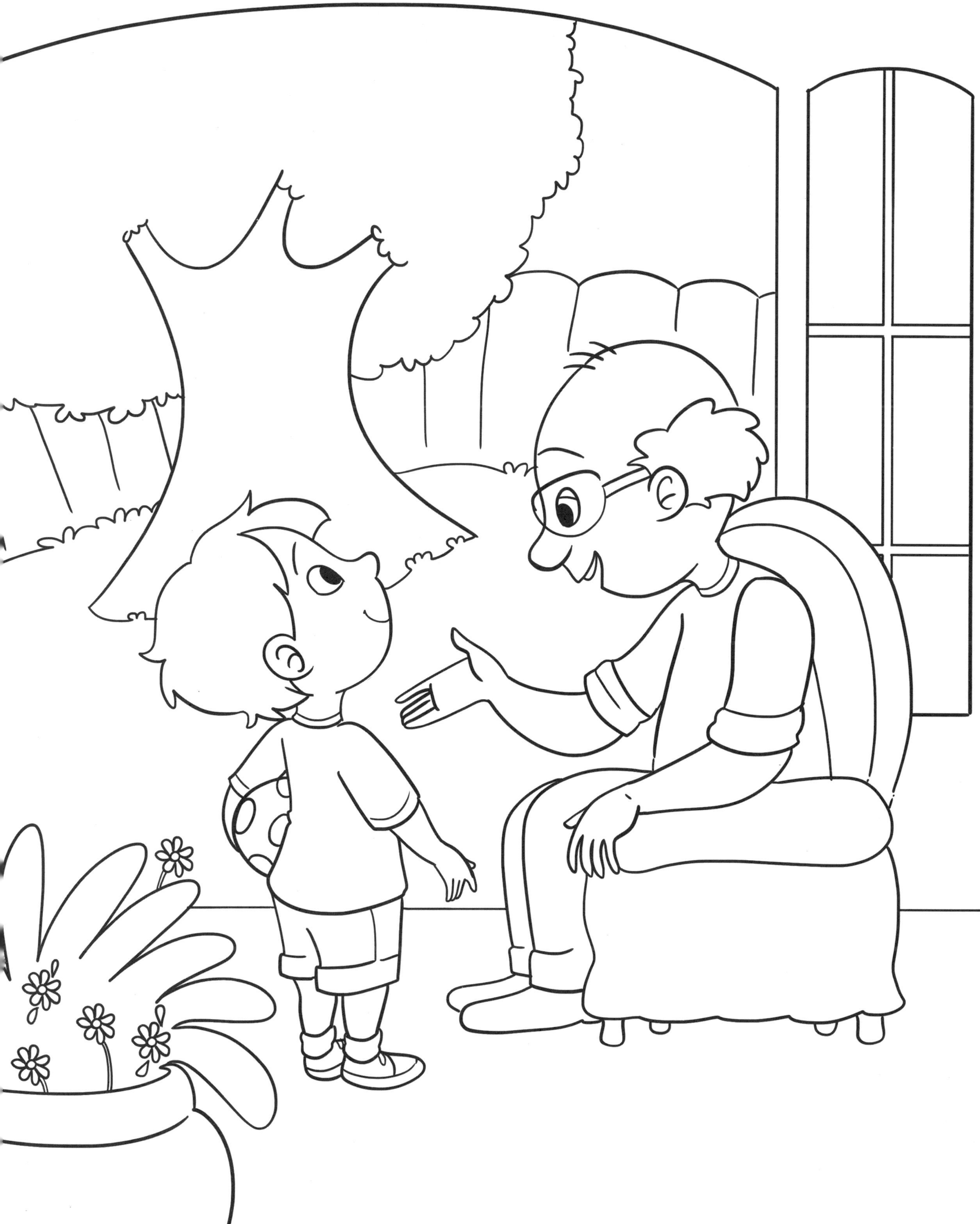

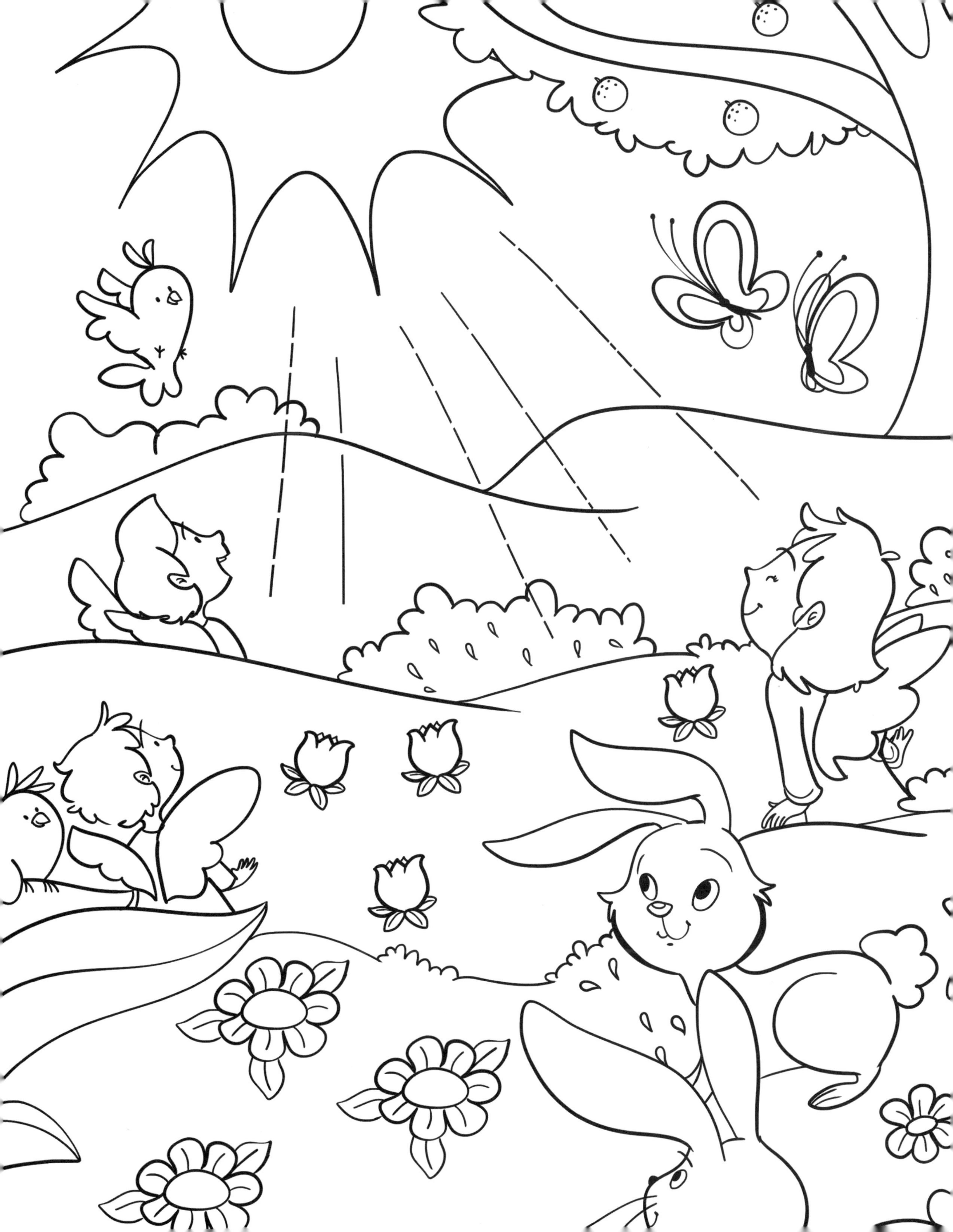

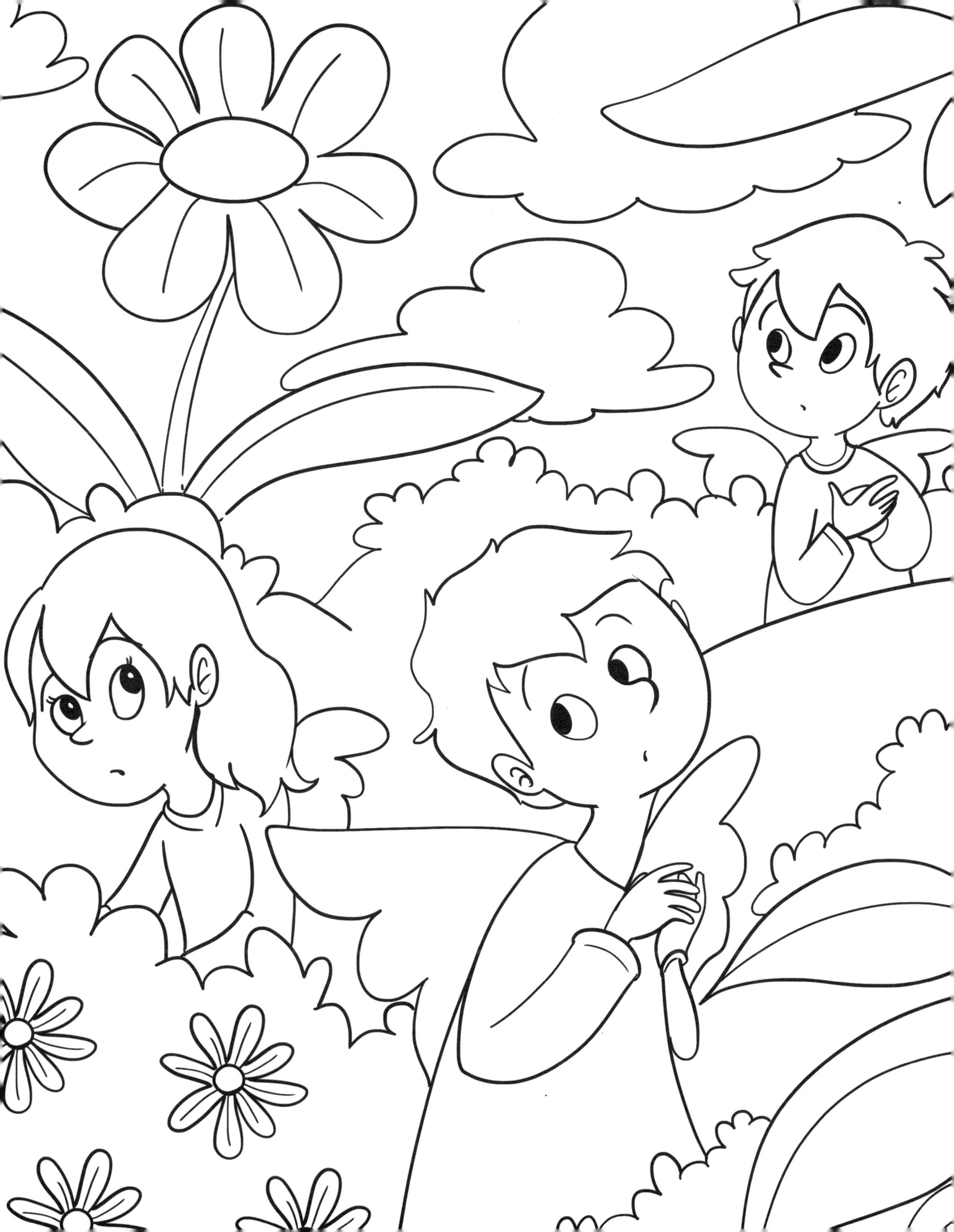

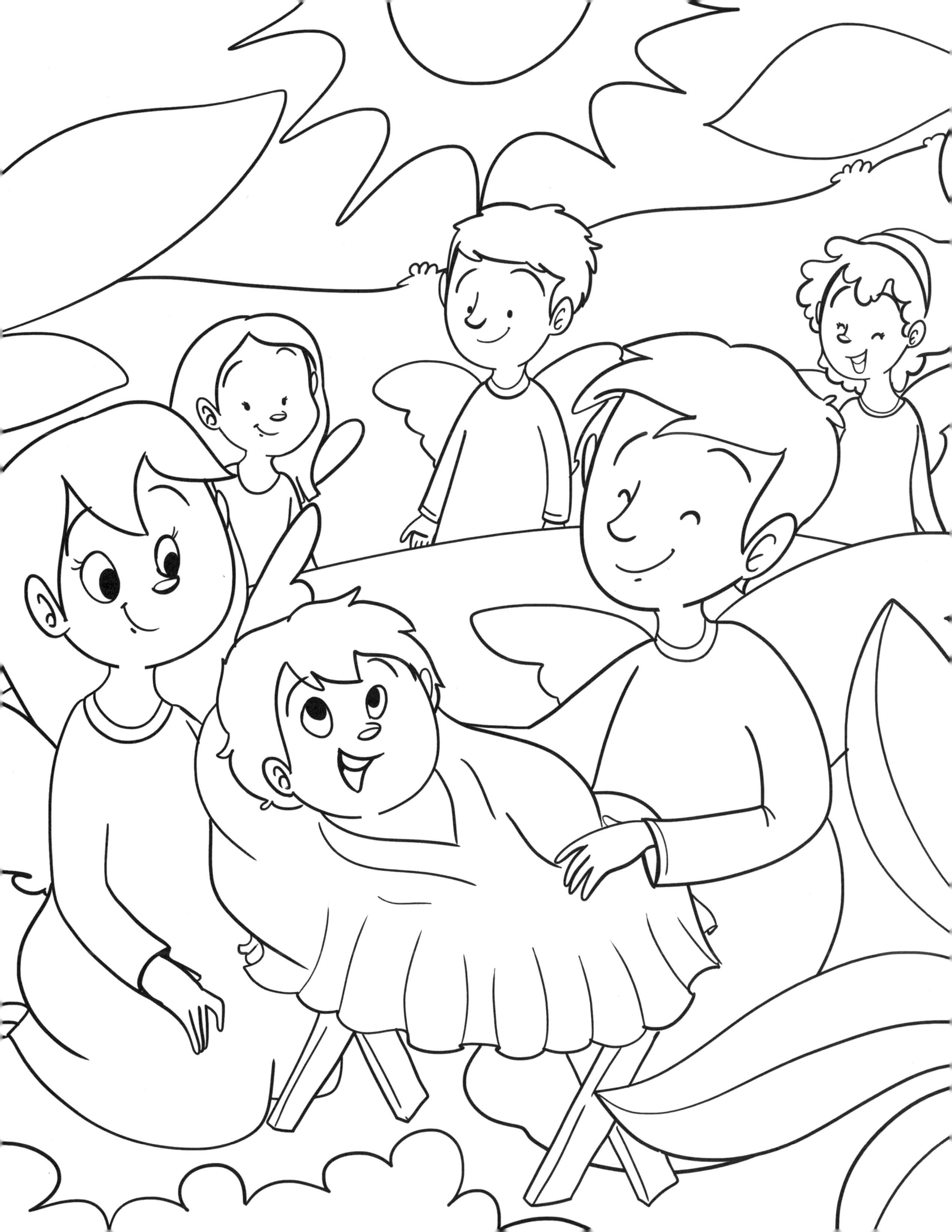

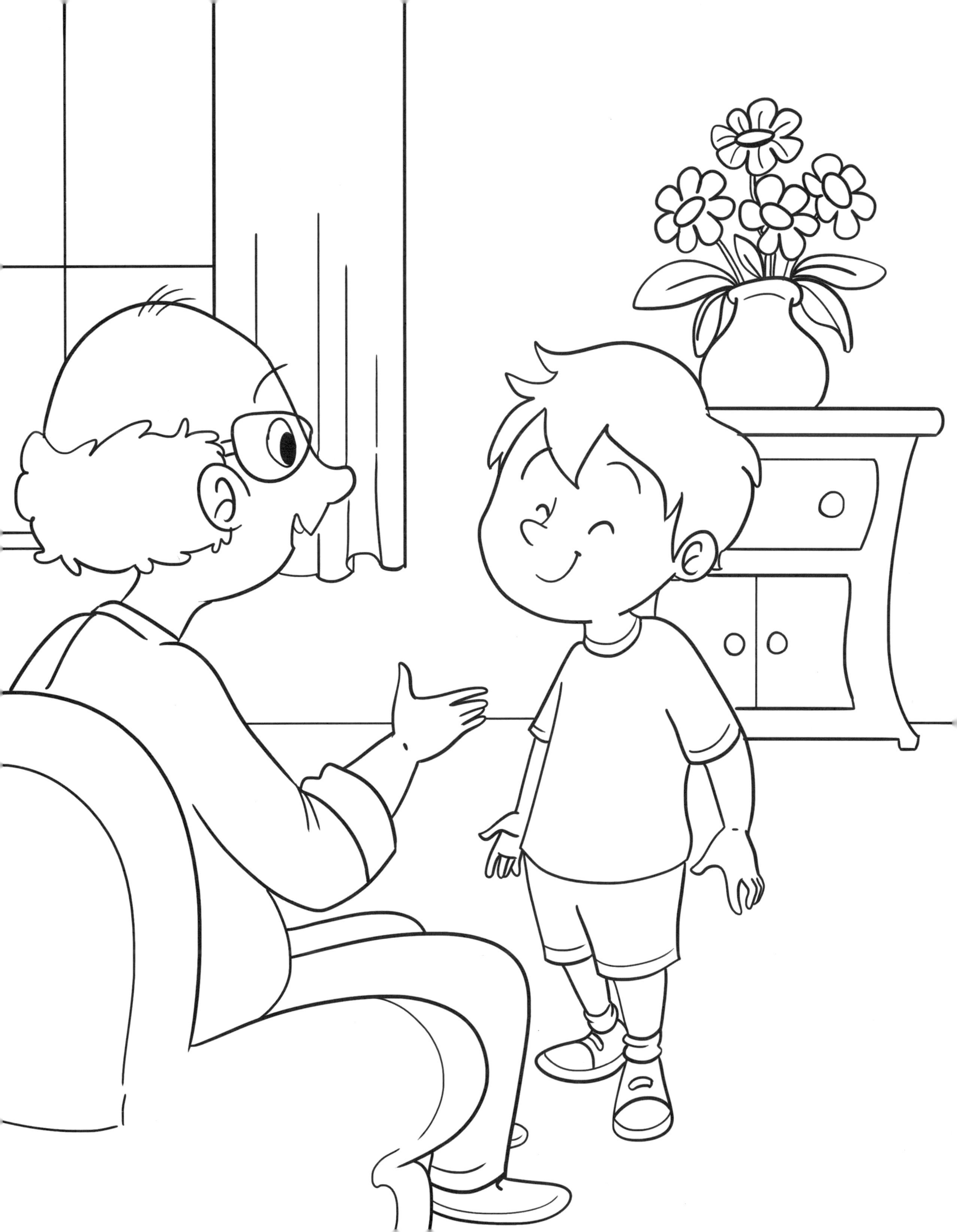

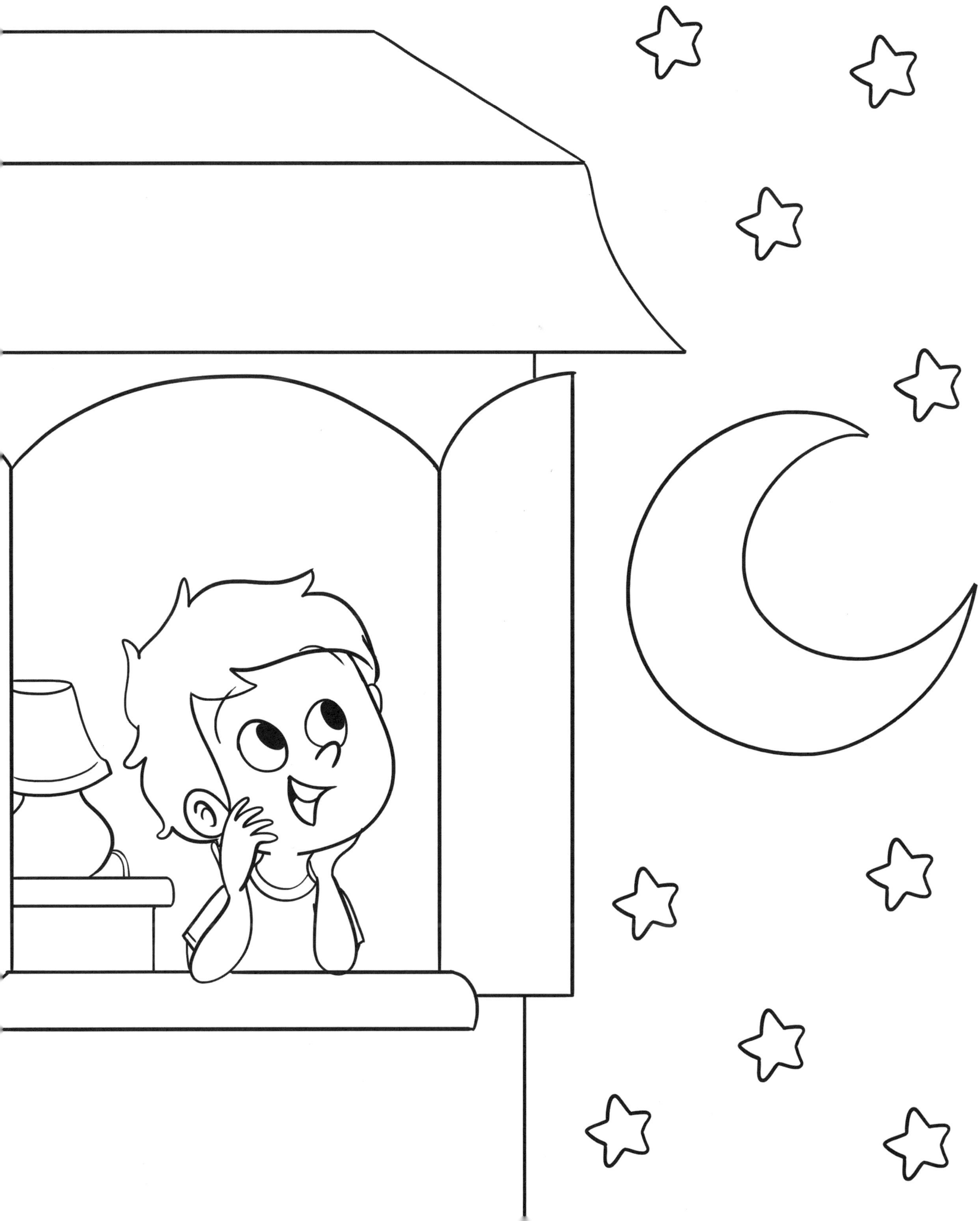

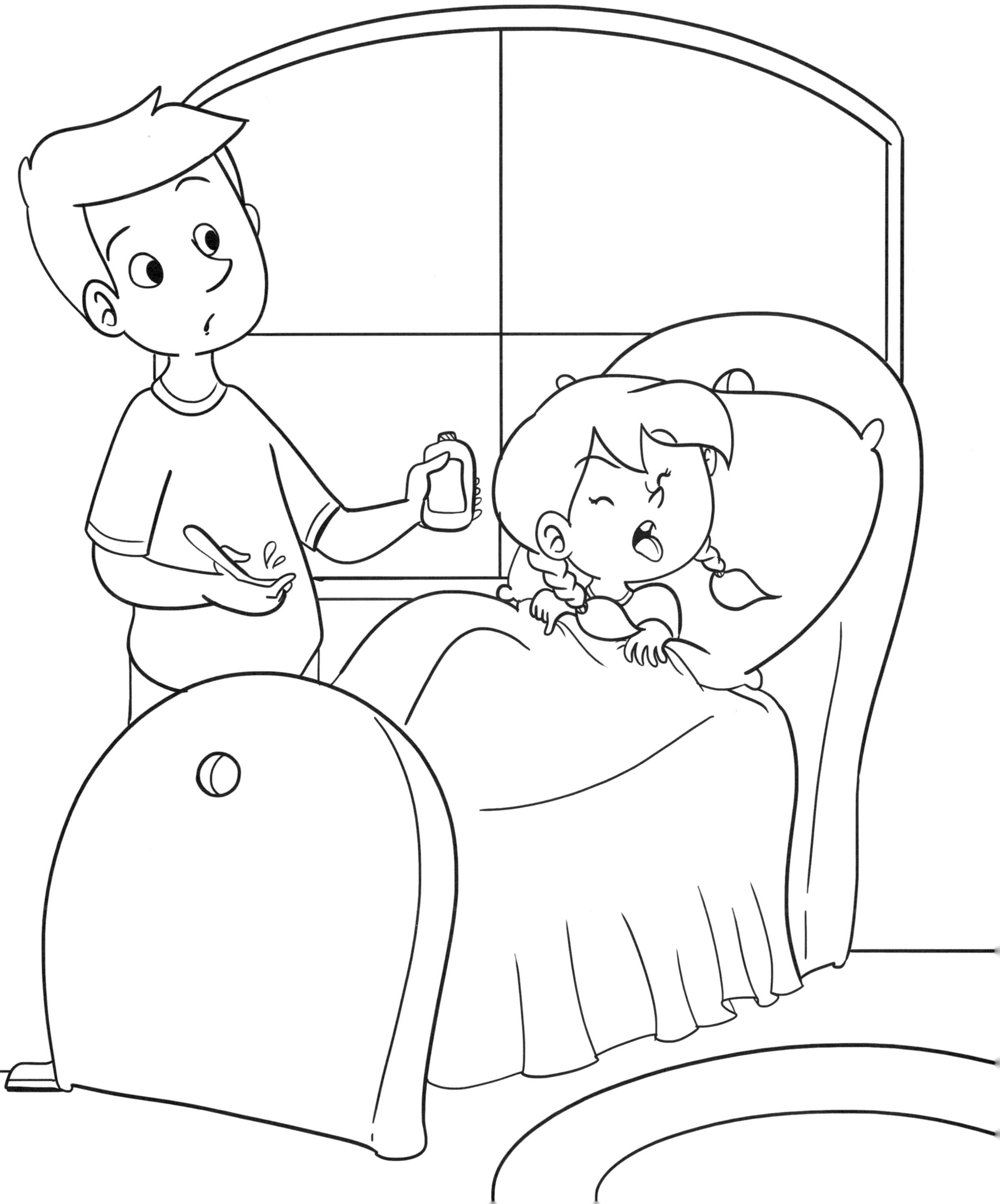

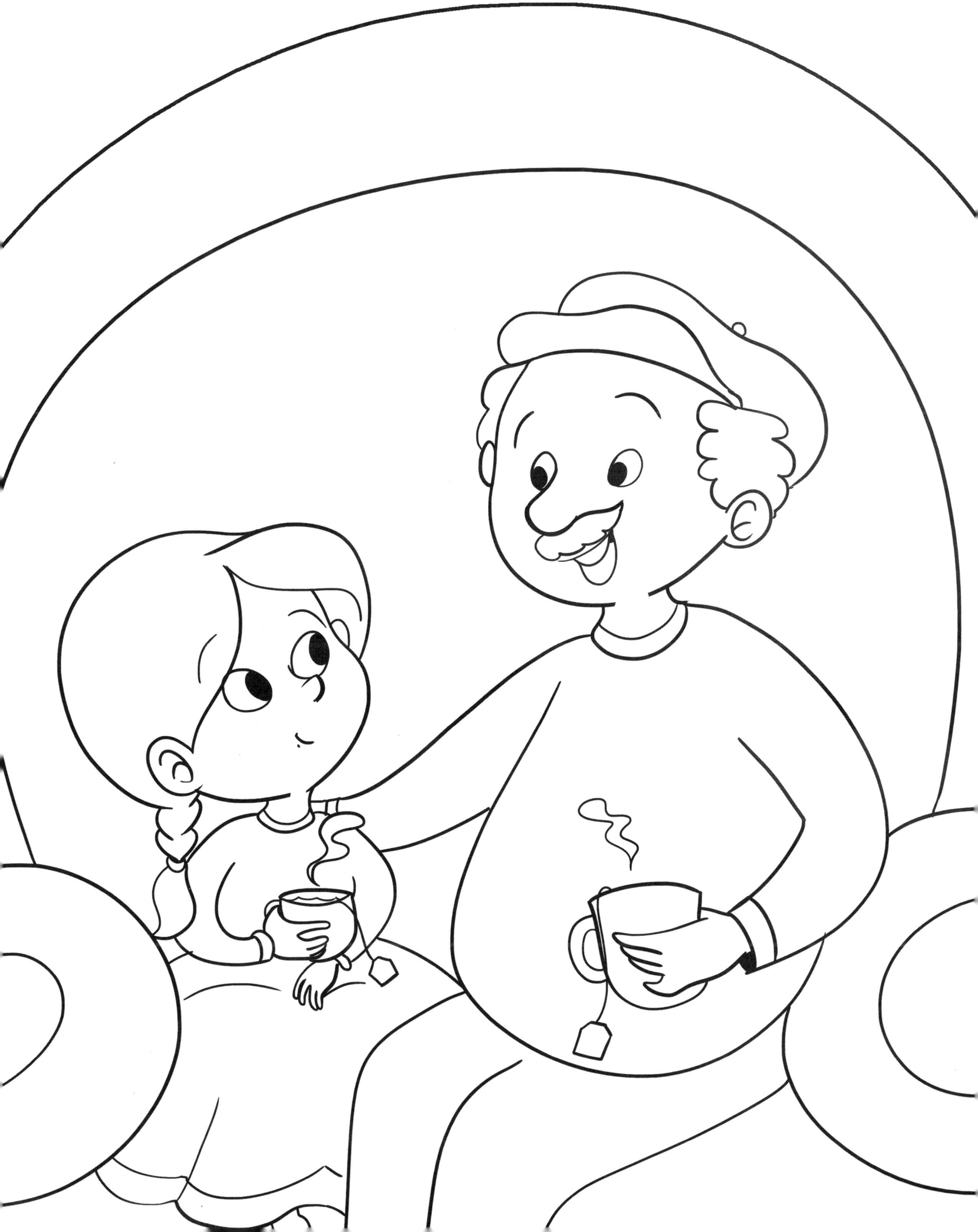

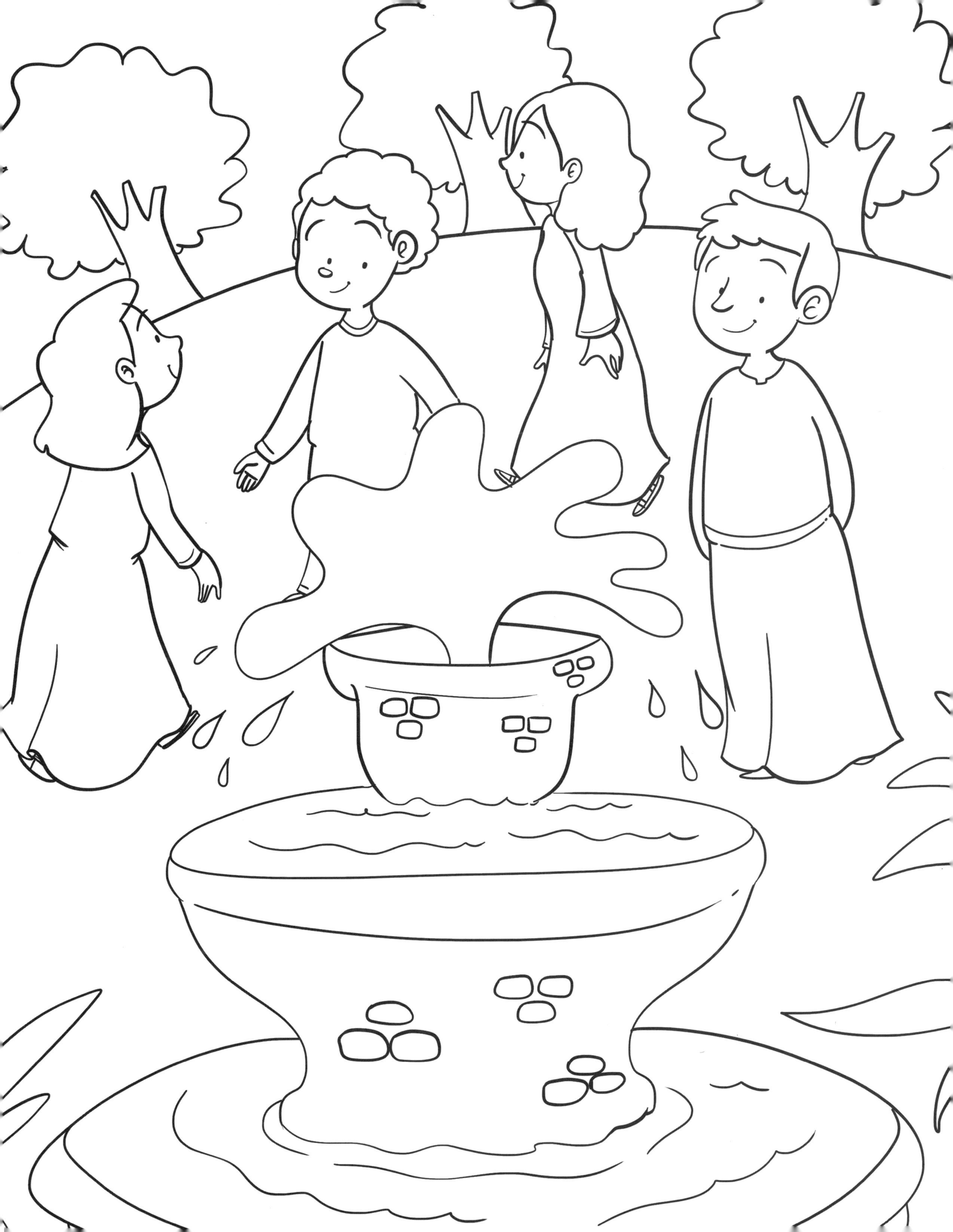

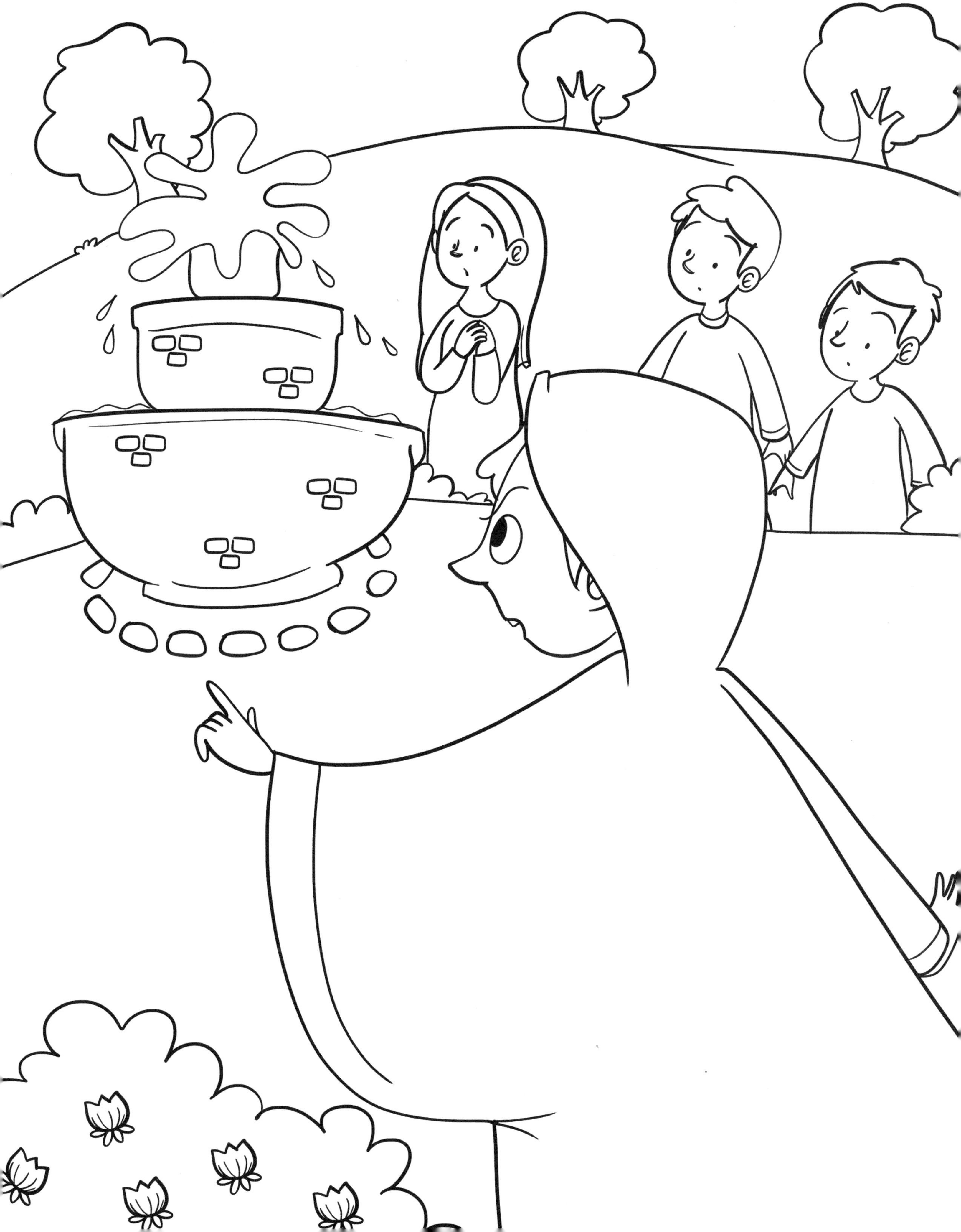

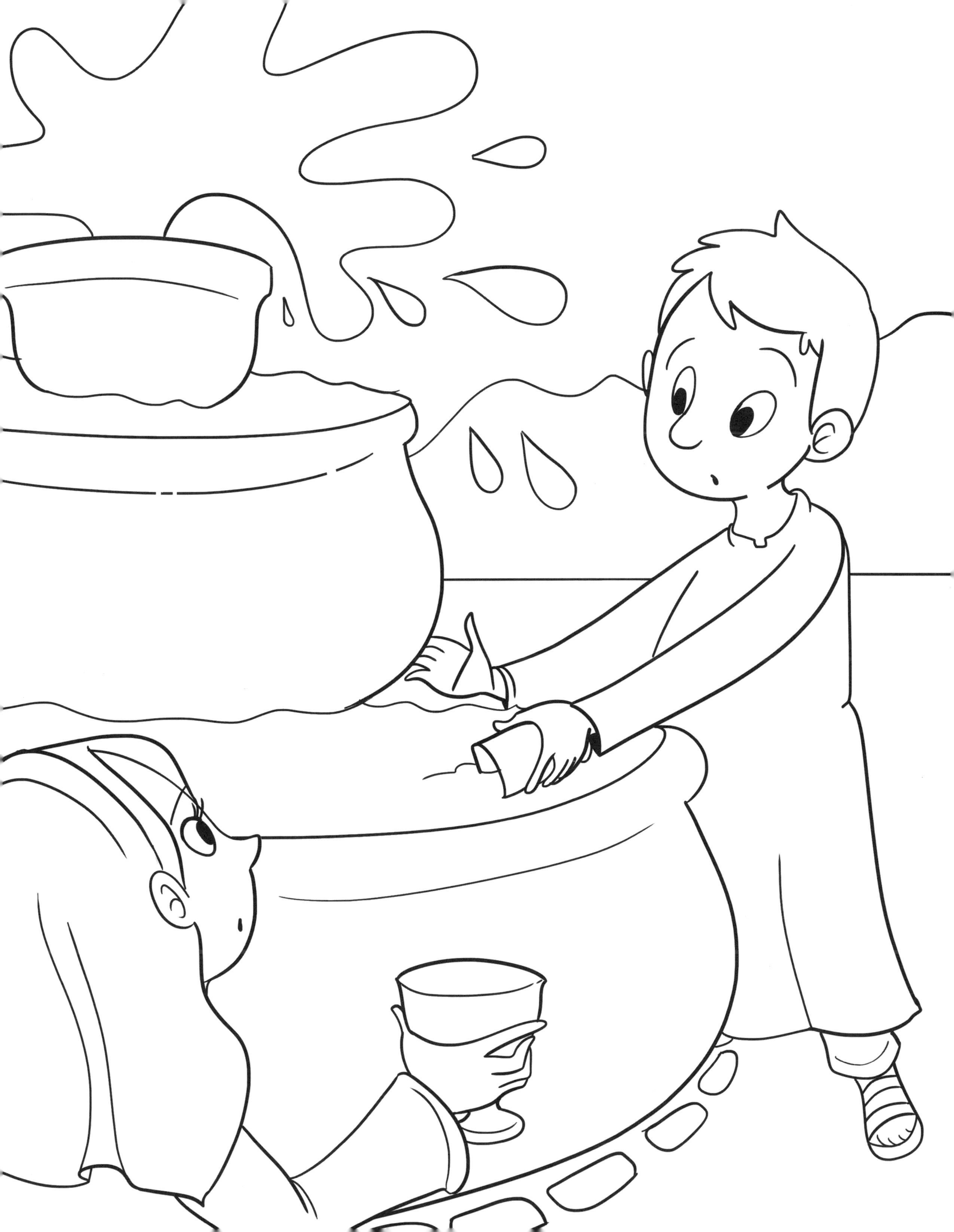

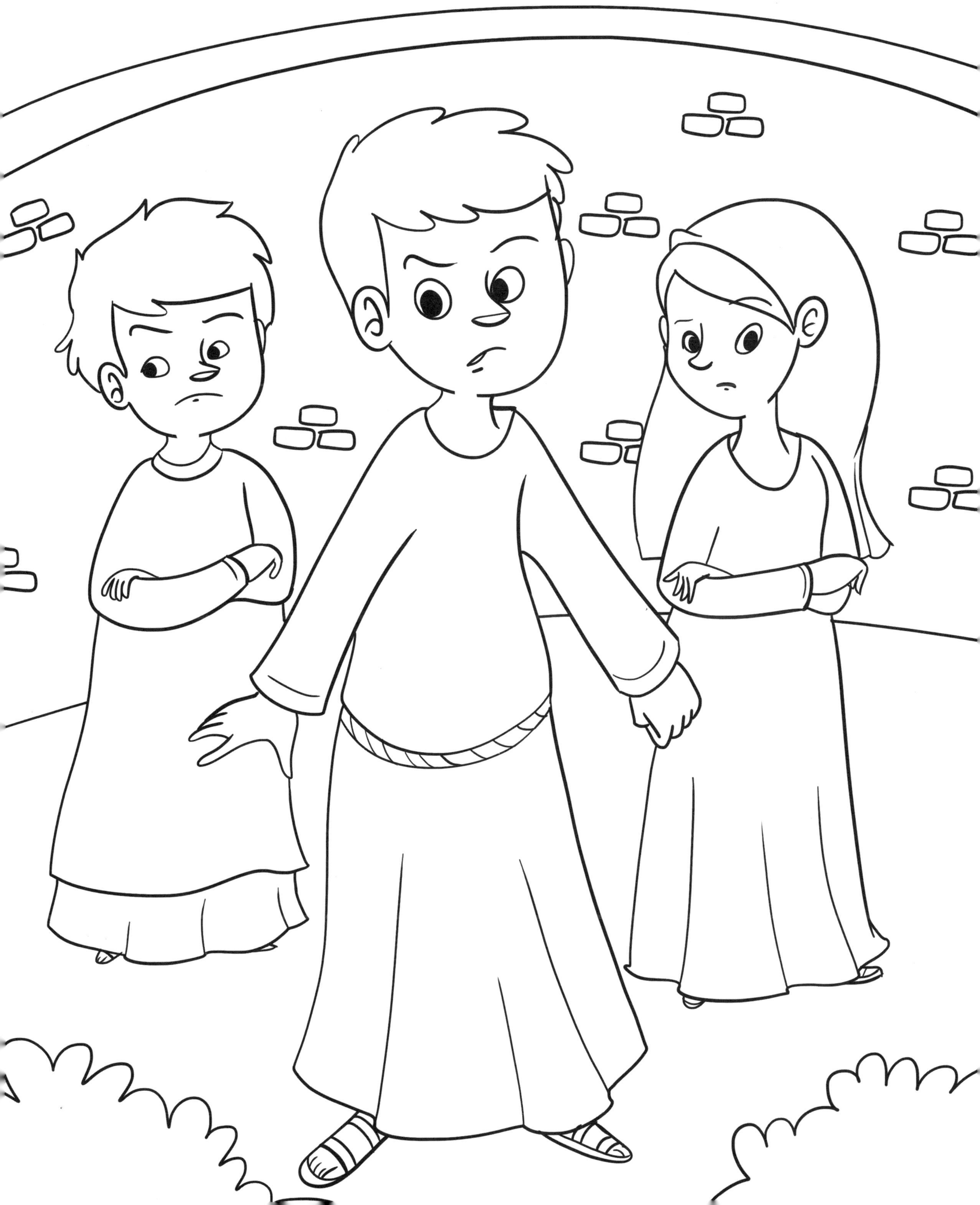

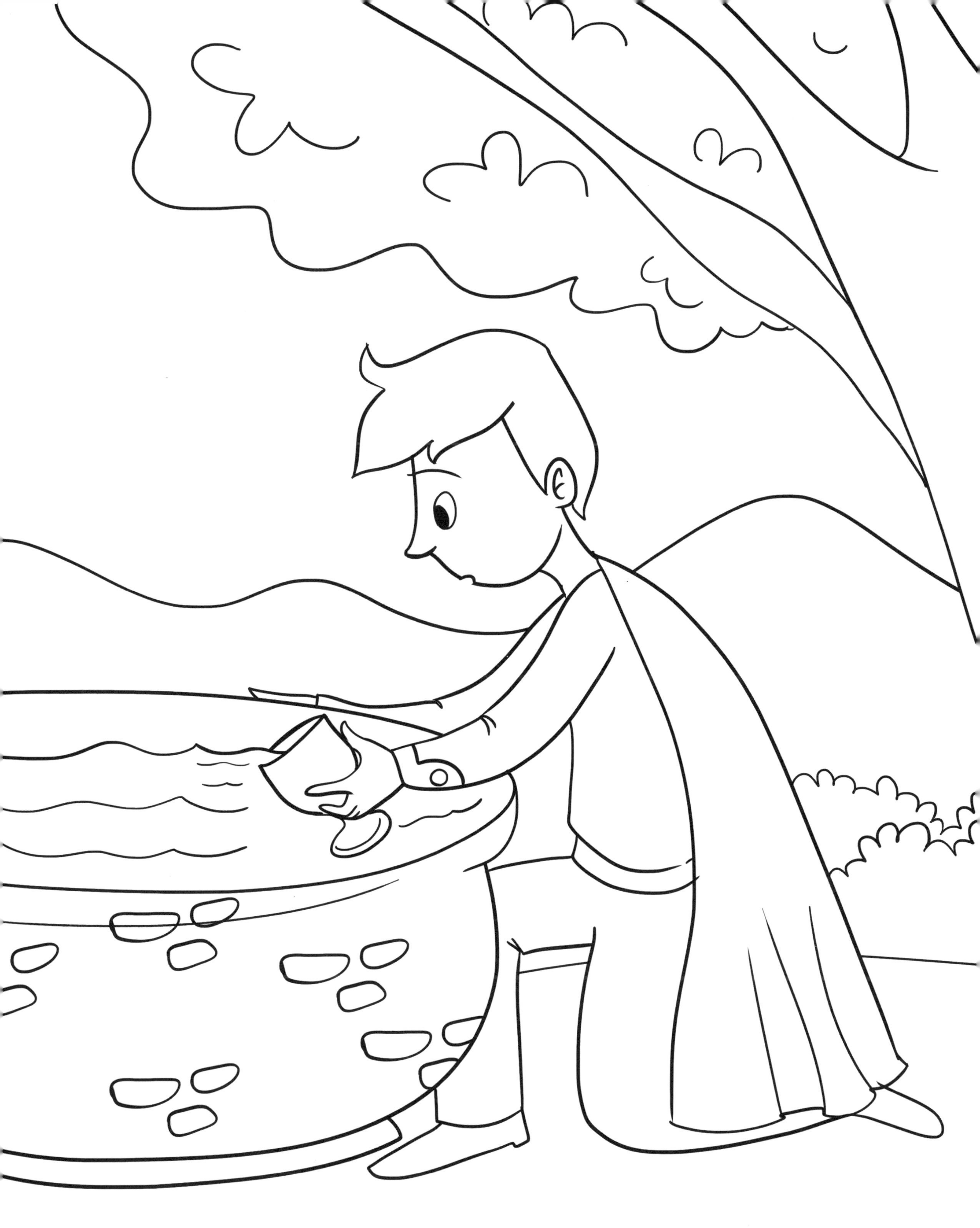

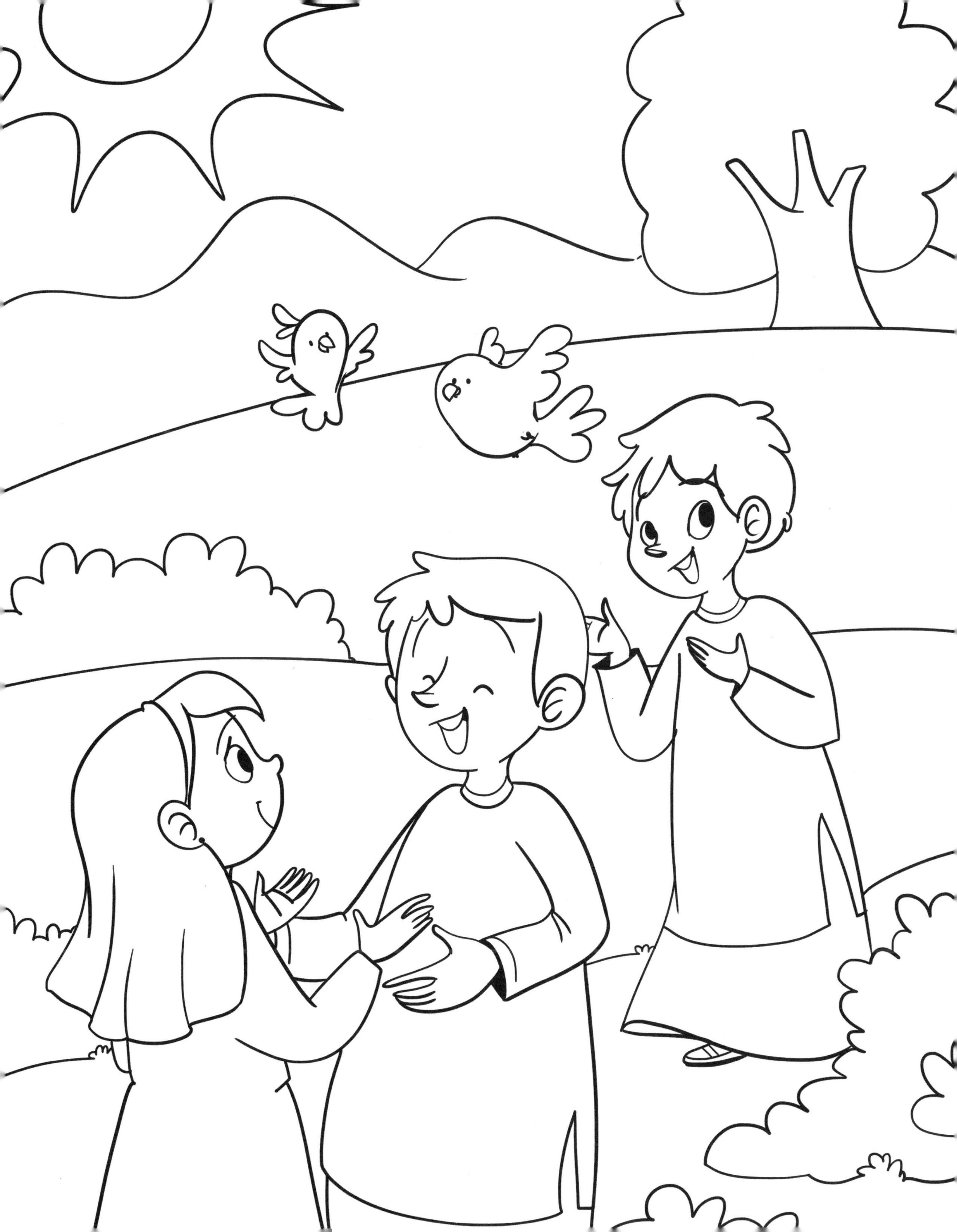

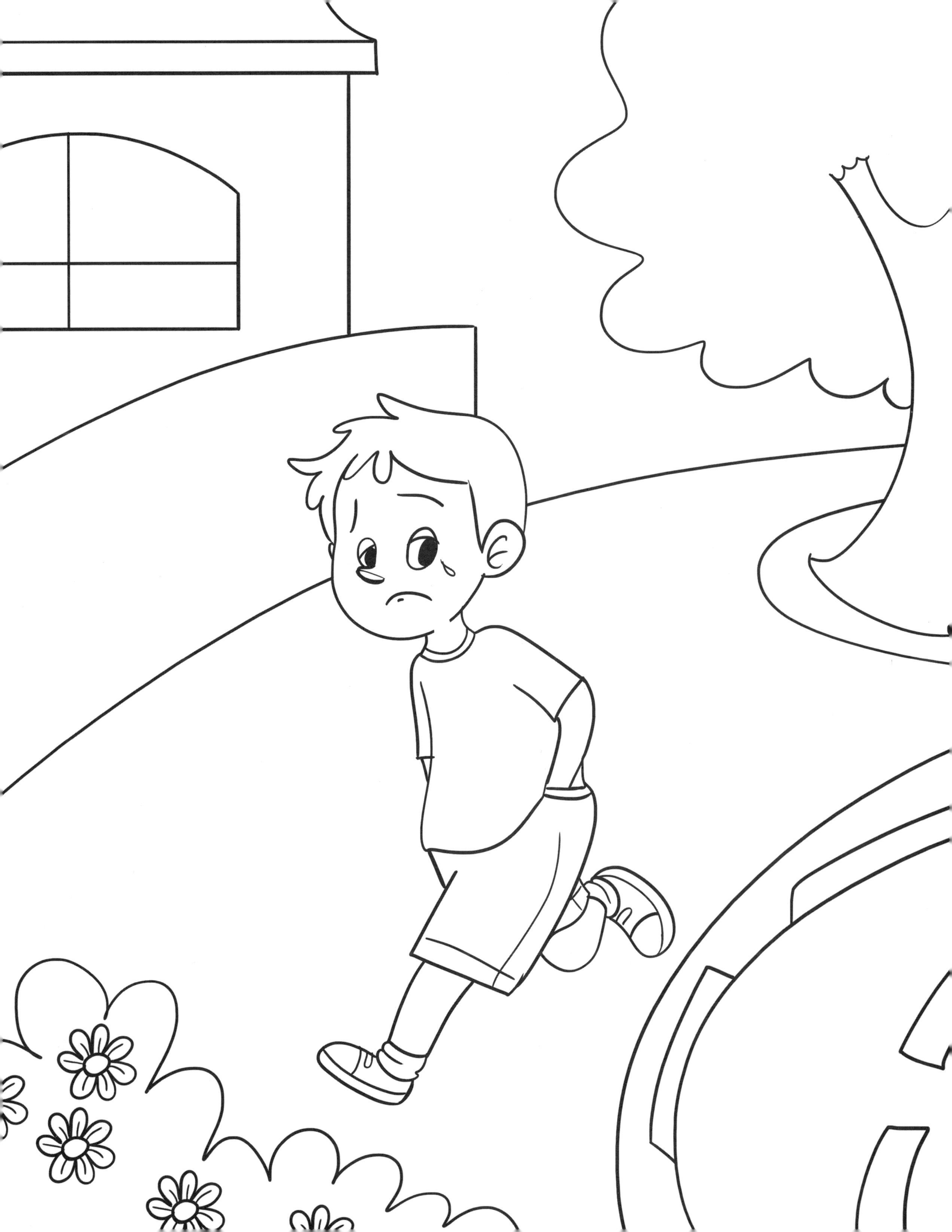

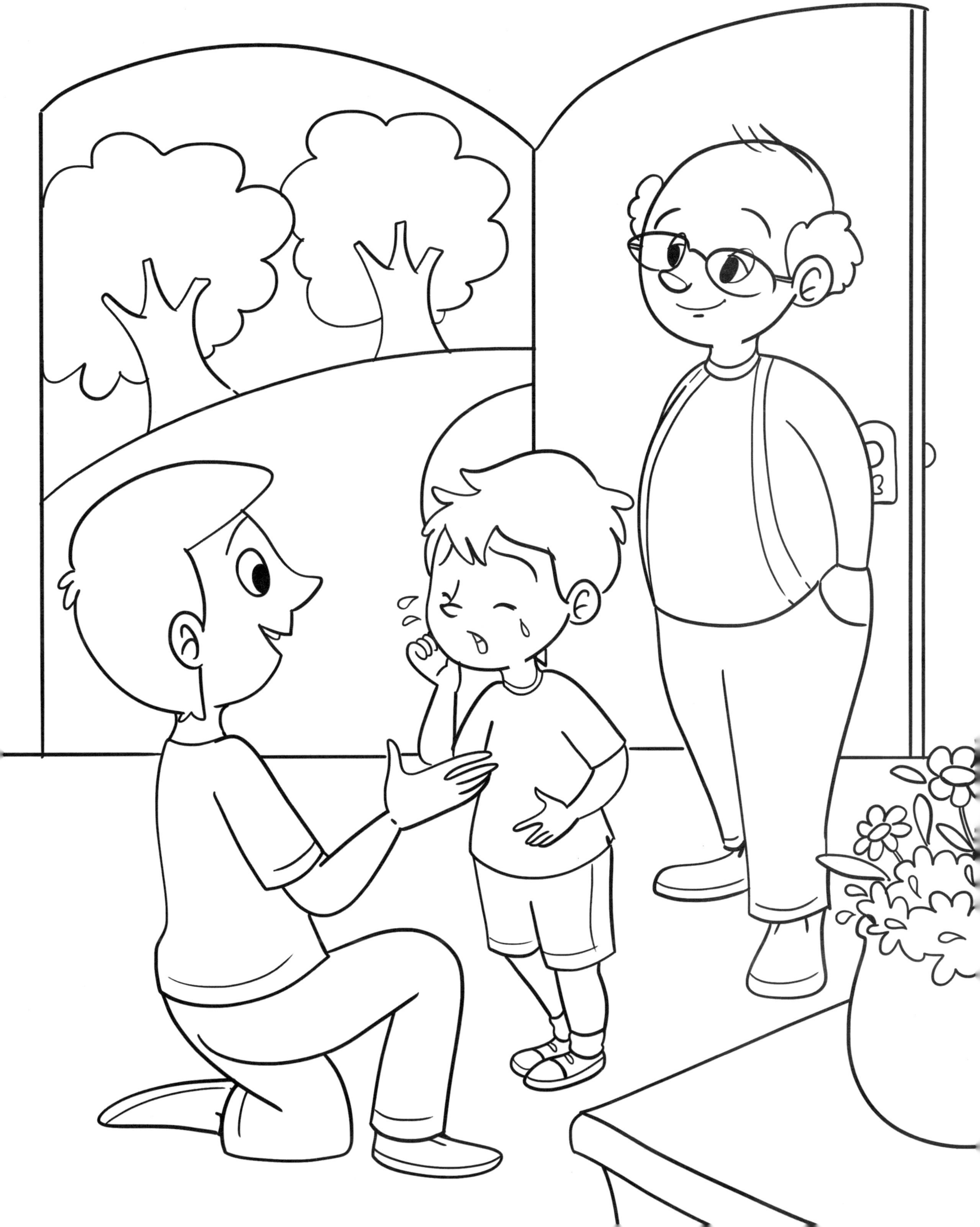

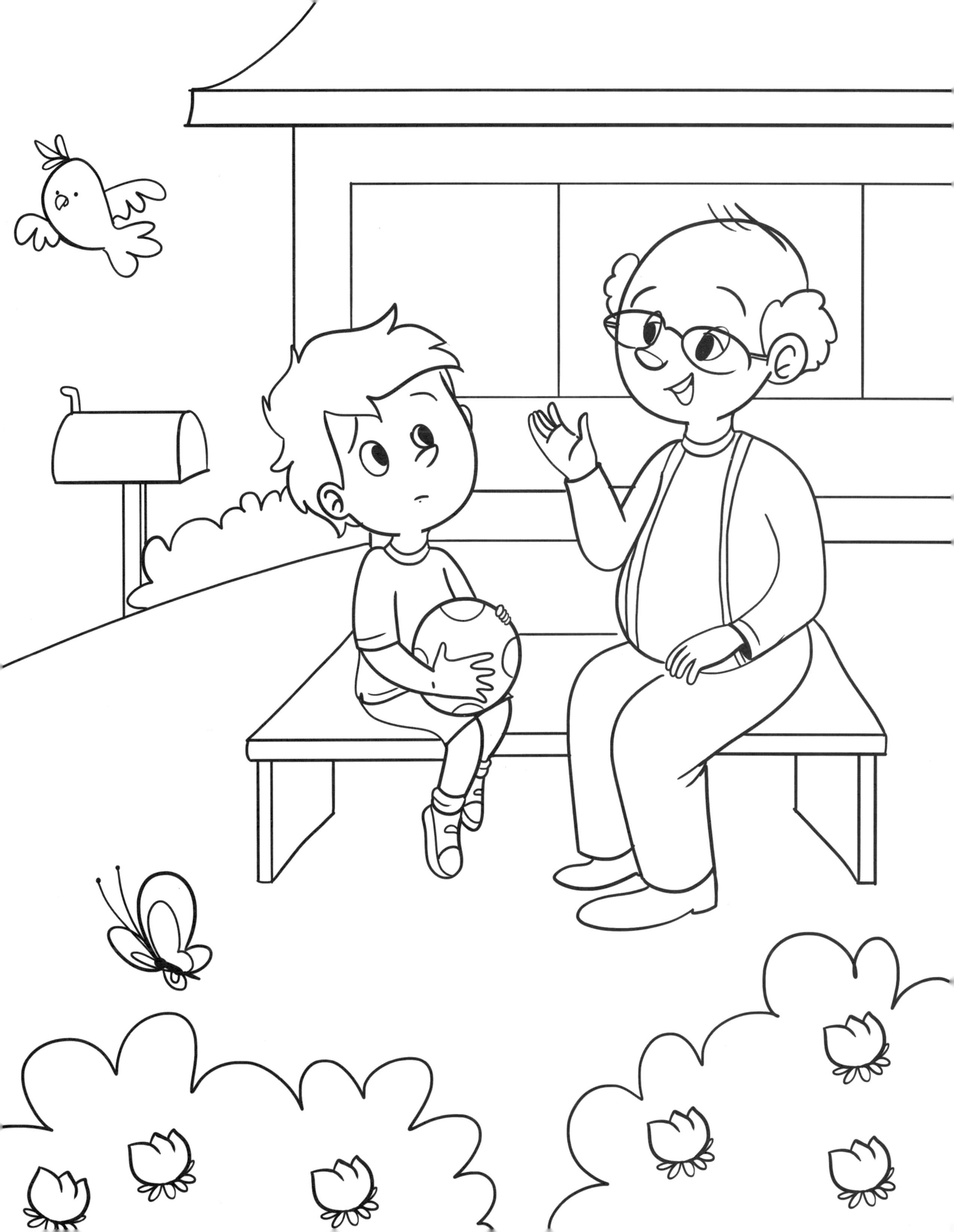

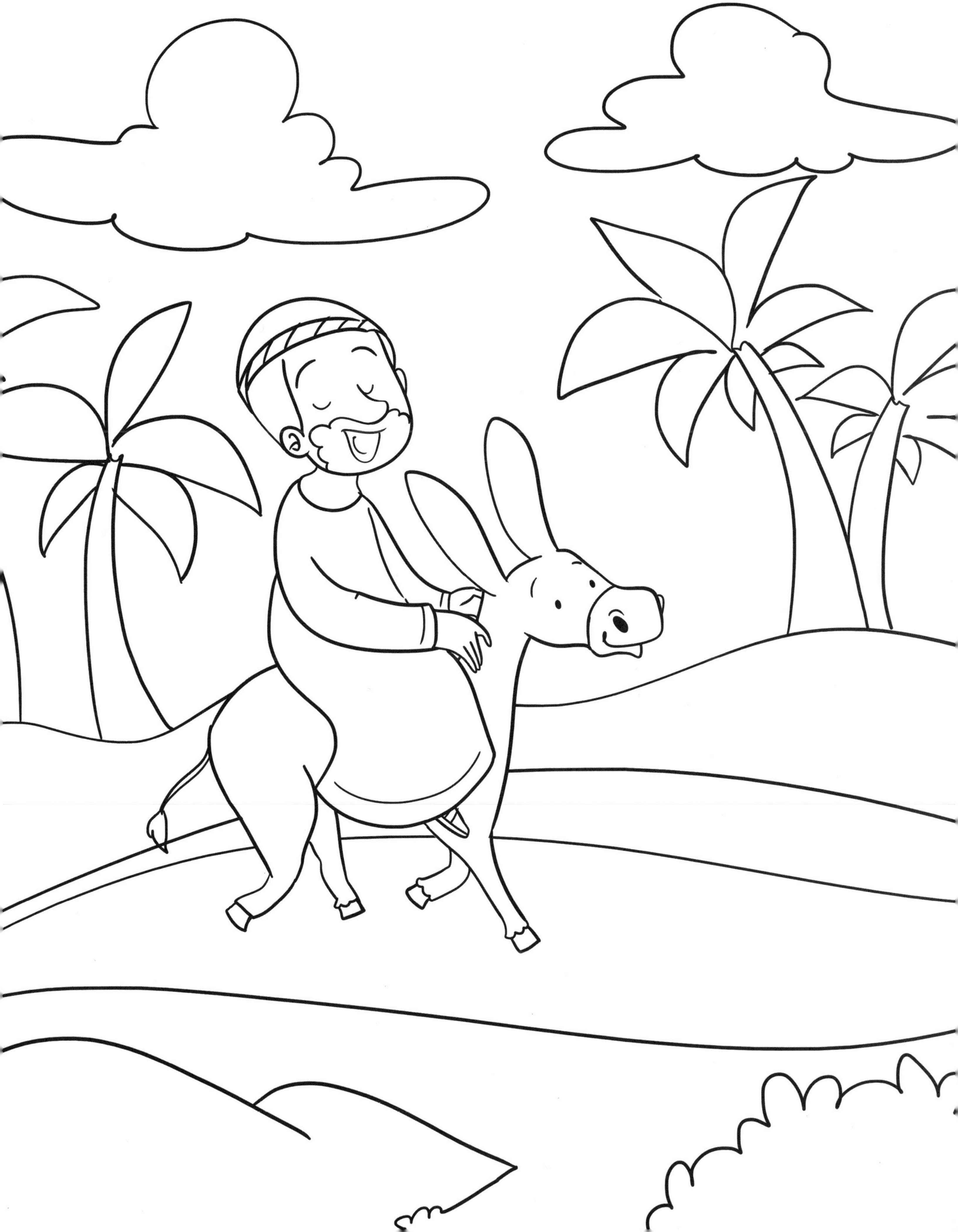

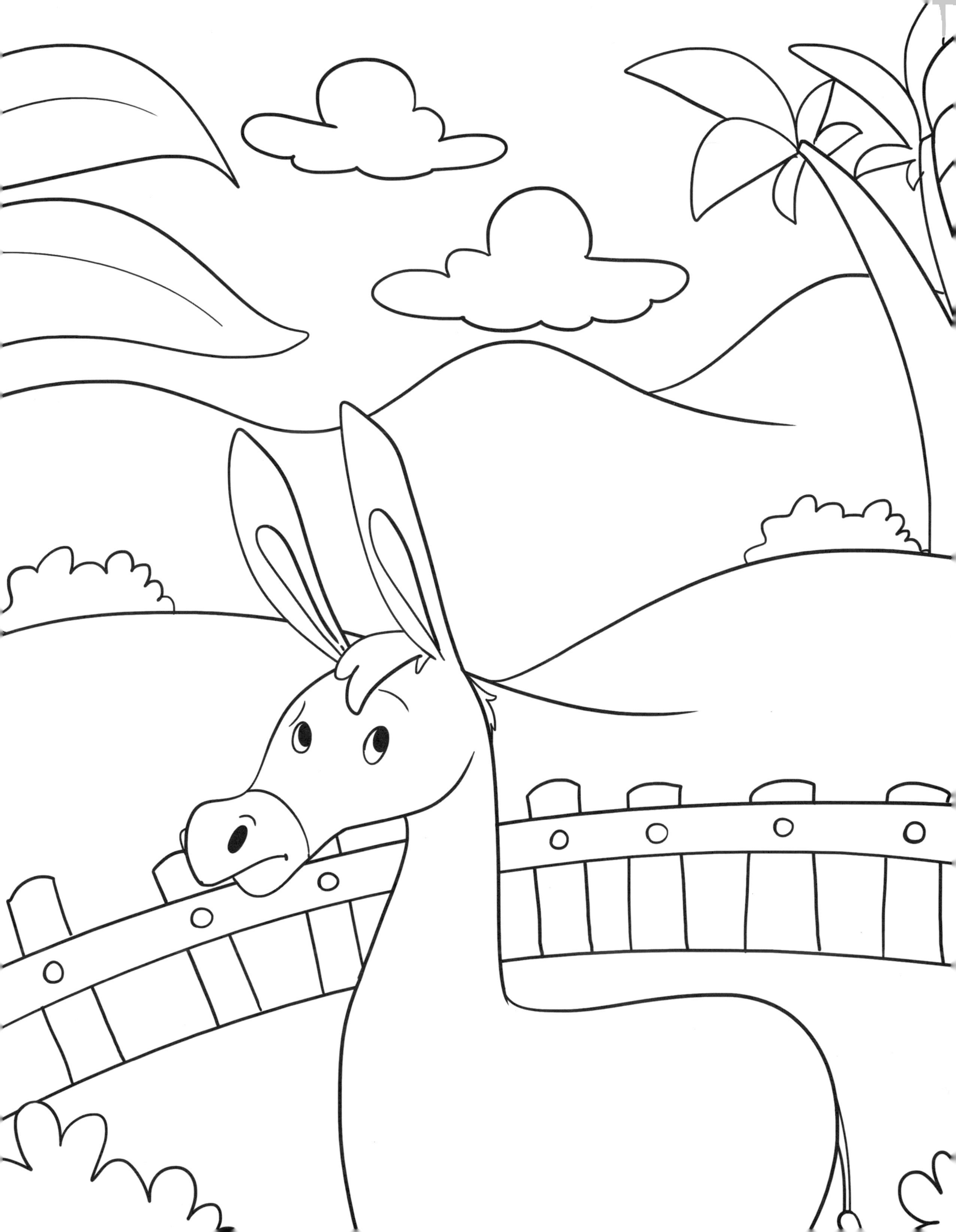

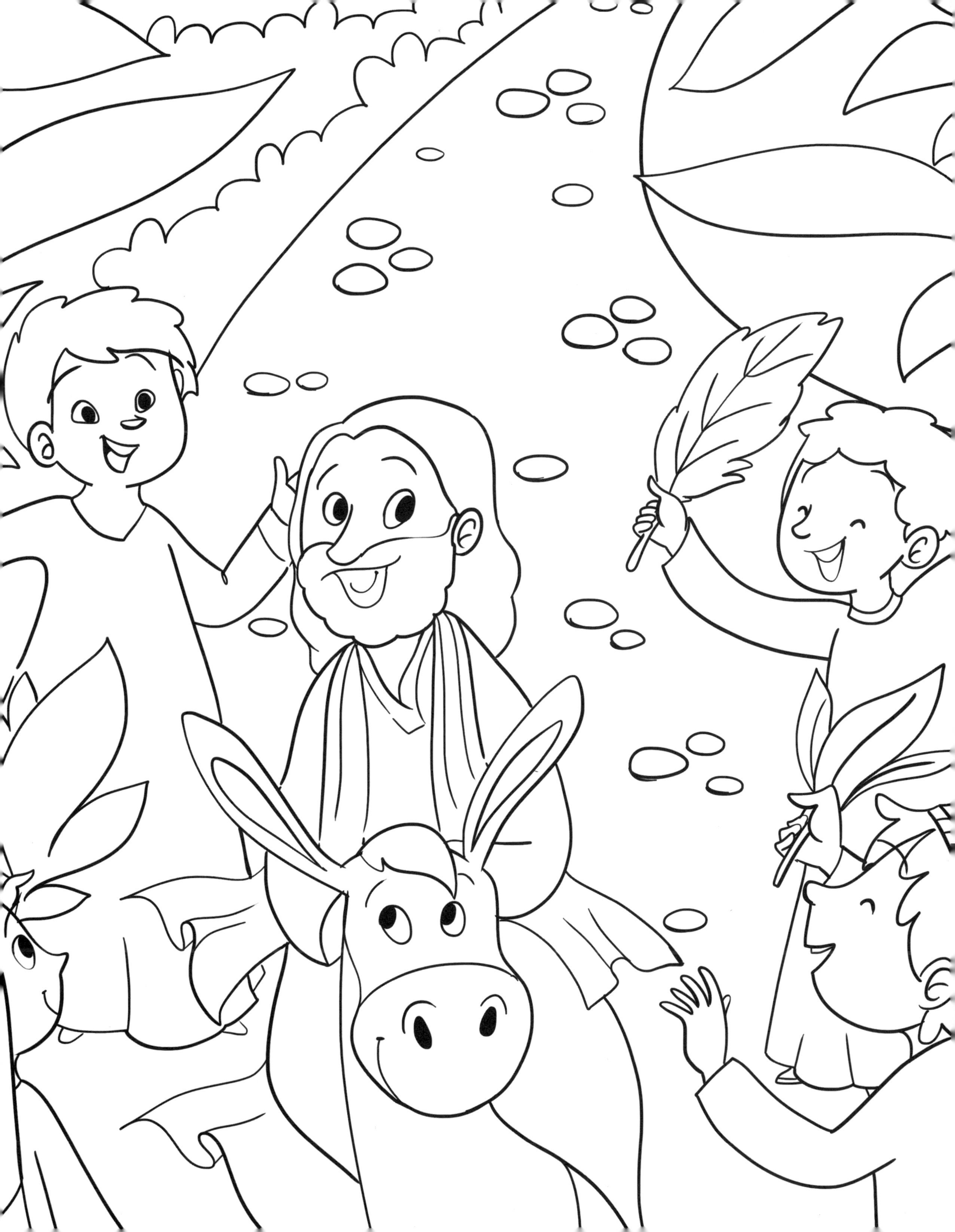

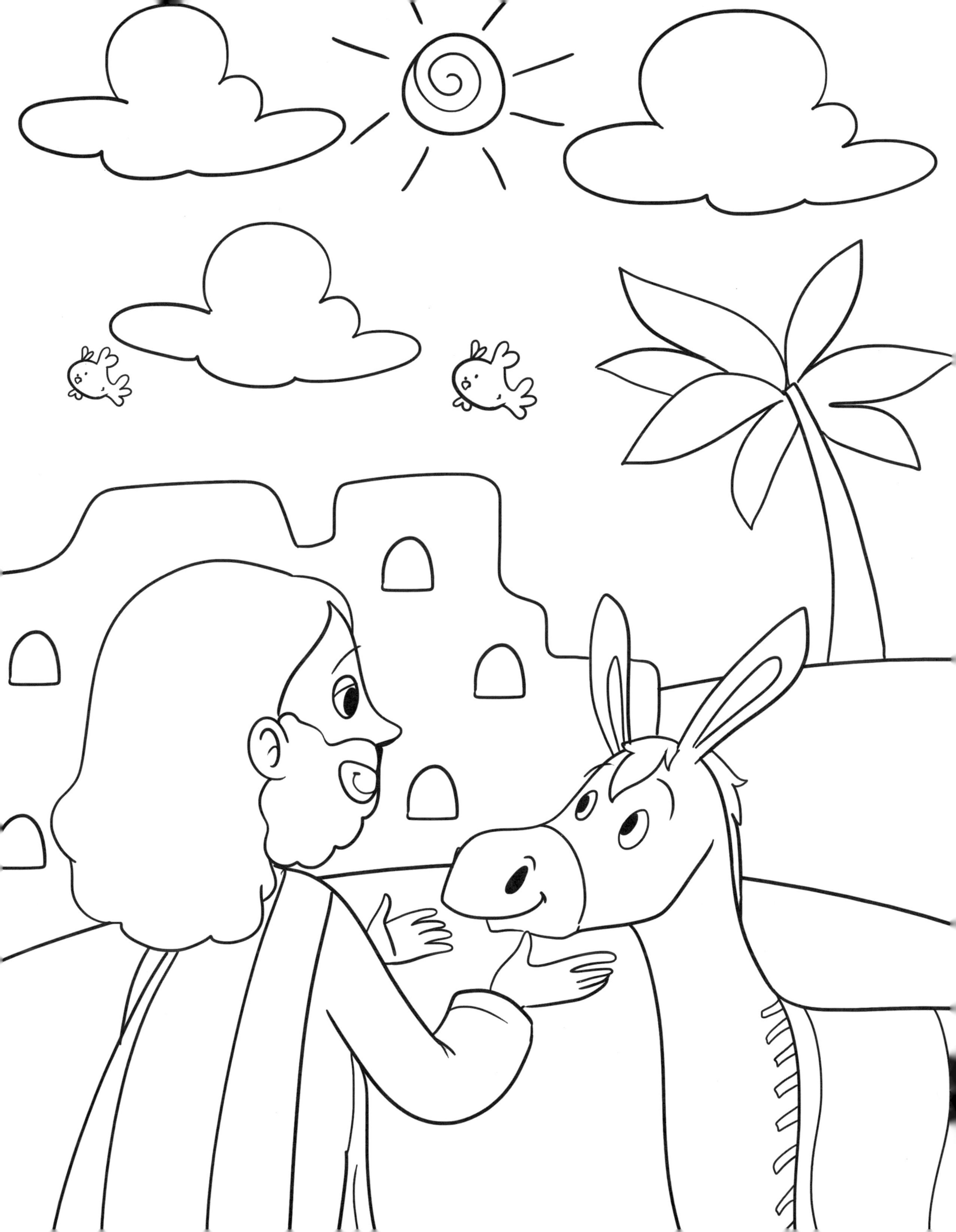

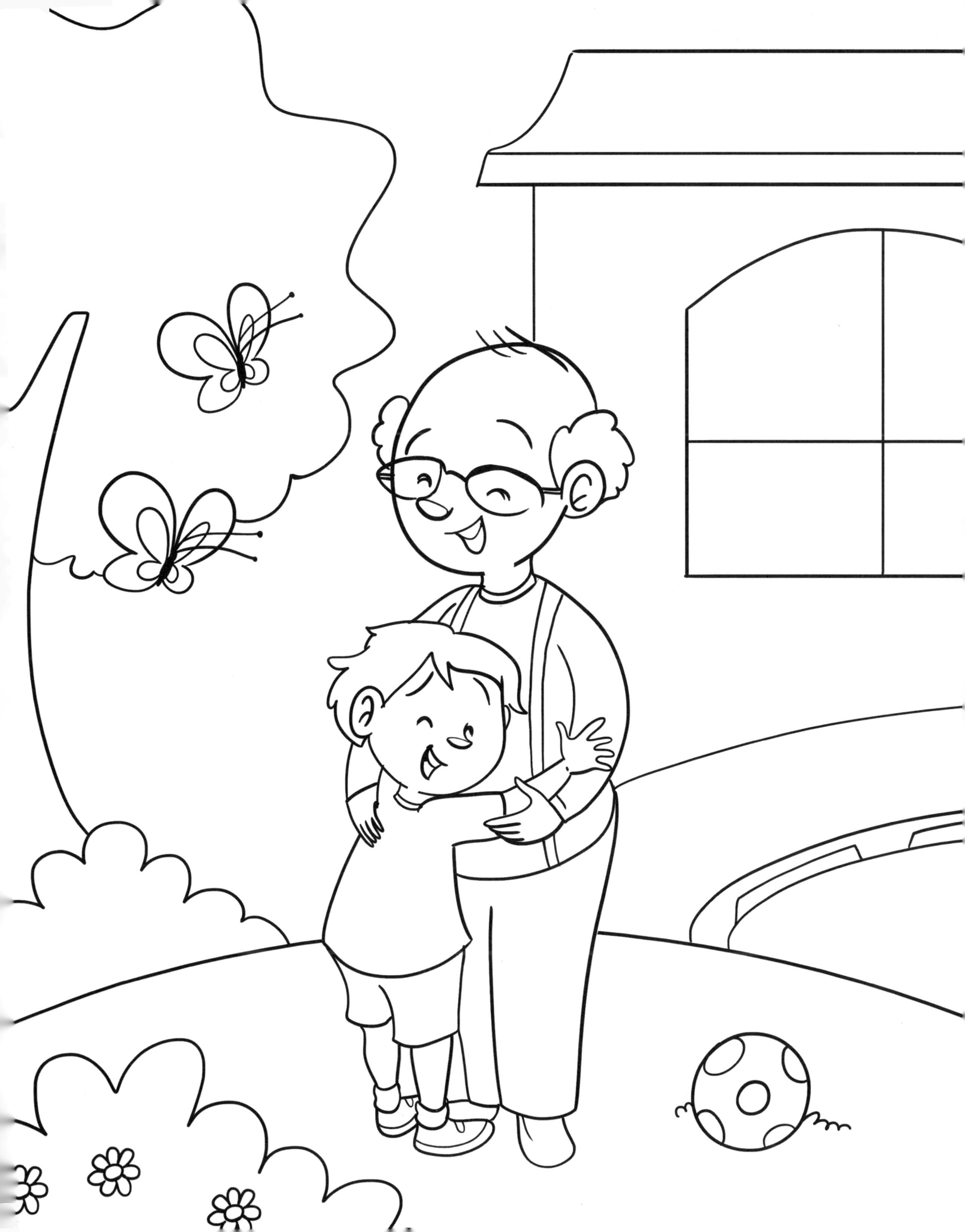

FIEL
MINISTÉRIO

O Ministério Fiel visa apoiar a igreja de Deus,
fornecendo conteúdo fiel às Escrituras através de conferências,
cursos teológicos, literatura, ministério Adote um Pastor e conteúdo
online gratuito.
Disponibilizamos em nosso site centenas de recursos,
como vídeos de pregações e conferências, artigos, e-books, audiolivros,
blog e muito mais. Lá também é possível assinar nosso informativo e se
tornar parte da comunidade Fiel, recebendo acesso a esses e outros
materiais, além de promoções exclusivas.

Visite nosso site
www.ministeriofiel.com.br